El caballo de Atila

José Alejandro Peña

ALMAVA EDITORES

www.almava.net

José Alejandro Peña nació en 1964. Emigró a los Estados Unidos en 1995, donde funda y dirige Ediciones El Salvaje Refinado.

En 1986 obtuvo el Premio Nacional de Poesía con su libro *El soñado desquite*.

Libros publicados:

Iniciación Final (1984), *El soñado desquite* (1986), *Pasar de sombra* (1989), *Estoy frente a ti, niña terrible* (1994), *Blasfemias de la flauta* (1999), *Mañana, el paraíso* (2001), *El fantasma de Broadway Street y otros poemas* (2002), La vigilia de todas las islas (2003), *Suicidio en el país de las magnolias* (2008), Cóctel para sonámbulos (2016),Trampantojo (2017), Pavor en el país natal (2021), Amigos, amantes y demonios (2021), Dejad hablar al viento (2021), *Esperpéntico, antiarcangélico y sexualísimo* (2021).

José Alejandro Peña

El caballo
de Atila

Colección Géiser

Poesía

ALMAVA EDITORES
www.almava.net

ISBN 978-1-945846-22-9

ALMAVA EDITORES
Tel.: 1+ (347) 649-4240
www.almava.net
almavaeditores@gmail.com

I

El caballo de Atila

Ensimismado laberinto musical
lenta máscara de carne magra
pubis de cristal
sonata vampira
trastocada
va a nacer la línea
que separa lo negro y lo blanco
va a nacer el esternón de un dios
de un musgo místico y tosco
va a nacer de una gota de vino y fuego
el amor que nos define
tenues
frágiles
insignificantes
para las luciérnagas armadas
de cinismo franco
nacerá como de un remolino
nacerá de una yema de huevo
el caballo de Atila.

Linchamiento de un mono

En la plaza pública
junto al obelisco
cercado de lechuguinos y acróbatas
con barba de maíz
ojitos de matarife
y anchos hombros
ataron al mono con una cuerda
lo ataron a una enorme roca
echaron la roca con todo y mono al mar
la roca retornó al mono a la tierra
la tierra estaba viva y chillaba
chillaba como un mono sin pelos.
El mono lloraba lágrimas de tierra.

Pedrada al estilo Freud

El hombre se enamora
del cadáver de los otros.

El hombre y la mujer se enamoran
de los cadáveres ajenos
de estirpe dudosa.

Las mariposas
si se las mira calladamente
son zurdas.

Son zurdos la tierra y el agua.
Son zurdos los trenes
las calles sin pavimentar
los patios feos
las narices anchas.

Por eso el hombre y la mujer
mienten cuando aman
cuando dicen que sienten un amor plateado
un amor con espejitos llenos de música
fingen un amor ultra dimensional
de clara de huevo
que los vuelve fanáticos de las iguanas
malintencionadas
pálidas
ubicuas como los dioses
con pelucas de preso.

Una gacela

El ruido de las hojas del sauce me despierta.
Es un ruido sereno y largo como una voz perdida.
Es como si una llovizna amenazara
nuestra certidumbre
con un cuerno de buey embalsamado.

Una gacela se detiene impertérrita
sobre las endebles tablas del puente.

El ruido de unos pasos asoma en su mirada.

Yo creo estar soñando con maniquíes y palomas
y desaparezco al darme cuenta
que soy una gacela perseguida
una simple gacela
a la que el viento
no alcanza ni domina.

El caballo de Atila

Las patas del caballo de Atila
gruesas y fuertes como un cochero bárbaro
sin novia
despistado y furibundo
con bicéfalas axilas
de puercoespín curioso
son elásticas con puntas venenosas
salidas de su cuerpo.

Las veintiocho patas del caballo de Atila
las venturosas patas de yacaré
del caballo plúmbico de Atila
las terrenales patas del caballo de Atila
celestial como las uvas agrias
que llenan el mar de gnomos y corales
son inofensivas
como los pececitos rotos
que flotan en las aguas sucias
de todas las peceras álgidas.

Las insospechables patas del caballo de Atila
silenciosas como la pus del pómulo de Atila
terriblemente órficas como el pulmón
de vidrio del muy temible Atila
dan la vuelta a un árbol
de cucarachas redivivas
hasta dejarlo mustio y sin orejas
las cucarachas rojas y blancas
todas son de Atila

las serpientes y los piojos son de Atila
los escorpiones y los gallos
comparten filamentos
oscuridades
manías con alfombras maniquíes
sombreros desfondados
intenciones psicodélicas
y un lugar de privilegio
en el asiento trasero de un Volkswagen.

Los escorpiones
y los líricos mosaicos
son de Atila
y se suicidan vestidos de esmoquin
a una misma hora
cada vez que suena
muy fuerte
el corazón blanquísimo del águila
en el hombro impoluto
            cándido
                de Atila.

La casa

Gira como rota efigie roja
suspensa como candelabro
pequeña y gris como escribir
palabras en las puertas.

La casa en la tormenta
es una breve hoguera
y nos percibe
como látigo a la piedra
como cáscara a la máscara
que vibra.

Vibra la luz y sueña
borroso sol arcano
laberinto
candor
o enigma.

El caracol y su ortodoxia
magma y canto.

Circunspección

Leve es la noche que termina
en trémulos colores desgarrados
como lechosa palpitación o pájaro
como desdibujada piel
o anchurosa circunspección antigua
en la que el fuego nombra las orillas
del agua con sensación de plomo
como vidrio instantáneo donde
la sed naufraga con su almadía baldía
y su epitafio cóncavo
contra la leve oscuridad
del párpado
avanza solitario
el terroso torso de la aurora.

Carcajada

Una lluvia de flechas se ha clavado
en mi hombro
el viento arrastra pasos y risas
sobre los pardos adoquines
delimita el vacío plateado de
las hojas caídas
nadie escucha ya la soledad del agua
rodando quieta por conductos extraños
y avenidas sin nombre.
Cada flecha en mi hombro
es una noche avara
avara y peligrosa como el vértigo.

Vértigo

Me elevo a lo más alto
de mi sed y de mi náusea
y siento un cosquilleo
que me nubla los ojos.

Las piedras en el fondo
se angustian porque saben
el color de la lluvia
en mi blanco pañuelo
desbordado.

Las hormigas están mondando
un cráneo de paloma
mientras yo subo a lo más alto
de mi nocturna transparencia
inacabable.

El sol desde su altura
nos señala la piedra
en la que arden sin fin
el tungsteno y la canela.

Los hombres venturosos

Calle por donde anduve siempre
sin comprender las horas
ni mirar hacia dentro con
la risa torcida
¿a que llaman los hombres
perplejidad o asombro?

Los hombres venturosos
resisten la caída
ignoran como dioses
los pálidos espejos
y se visten de momia
como los ascensores.

Estatuas pececillos

Las estatuas metidas
en un cuerpo que las guía
sueñan sueños prefigurados
como balcones blancos
llenos de gnomos negros
y rutinas amargas.

Las estatuas persiguen
a los viandantes ciegos
que señalan estrellas
que no existen
en noches pesarosas
de cangrejos azules
y rojos pececillos.

Los pececillos mueren
y renacen en un instante largo
como papel escrito
con tinta de cabello
y afanoso cielo gris
hecho para el naufragio
y las gaviotas.

El lugar donde estoy

Este lugar define
mi ensoñación disímil
traslada noche a noche
mi ausencia milenaria
desfigura la piedra
en la que estoy cantando
mientras los nombres impuros
como el hielo en mi vaso de whisky
se despojan del timbre amarillento
que arruina la corteza del cielo.

Este lugar convoca
la sucesión del pájaro
que da forma a los vuelos
de la luciérnaga invicta

y la triste rutina de
los hombres endebles
que mascan las uñas afiebradas
de sus hijas traviesas.

Las palabras arcanas

Las palabras ocultas
son fuego y pedrería
carbón con el que escribo
"predilección" y "sombra"
son blancas resonancias
que la lluvia predice.

Las palabras ocultas
trasladan el sentido
que no tiene la luz.

Son silencio y calma
las palabras arcanas
que empiezan sumergidas
en vapor o arena.

Rescátalas si puedes
de su andar memorioso
con la pluma del buitre
y el calcio maldito
de las nubes espesas
rescátalas te digo de una
muerte instantánea que
descolora el hierro
y da pesar al muro.

El sol

En esta calle desconocida y pobre
el sol está marchito
como una piel de perro.

Es una angustia honda
como mil remolinos
la que sienten los perros
cuando el sol está ausente.

Yo que vivo sempiterno en un árbol
conozco la ternura de una hoja
cayendo.

Es angustioso ver el sol
cuando se lanza sobre el mundo
en busca de una piel
que lo caliente.

La noche entra en las casas
despobladas y tristes
despelleja la frente soñadora
y transforma los rostros
en negro espumarajo.

La noche es otra piel
que les nace a los perros
cuando el sol se suicida
cortándose las venas.

Mal día en la fábrica

No pienso en los desastres
de mi vida pasada.
No pienso en el olor del incienso
ni en la sal de los mares.

No amo no supe no quise
no pude nunca amar de veras
el deseo loco de mi despertar sombrío.

No me divierte pensar en el presente
o mover las cortinas para ver hacia afuera.
No me divierte el sol
que muere sin saberlo
ni me alegra morir viviendo
como los caracoles
o los sapos embalsamados
que expelen una cierta
sustancia musical.

No pienso obsesivamente en el futuro.
No pienso obsesivamente en el pasado.
No pienso obsesivamente en los espejos
ni me causa pavor mi llegada al infierno.

No pienso en los desastres
que olvidan los periódicos
no pienso en las raíces del bambú
sumergido en la sangre plateada
de los monos.

No pienso pensamientos de nieve
no pienso pensamientos poéticos
ni me imagino la vida como un sorbo de fuego
la vida es sin duda una mala metáfora

no hagas caso viejo
no hagas caso
a los que pregonan que la vida
es hermosa como una papa frita

la vida dulce delicada
serenamente deplorable

serenamente desierta
serenamente perturbadora
como un mal día en la fábrica

la vida es un pie que falta
al caminante
la vida un tren que duda
avanza sin saber hacia donde

un tren va a descarrilar
seguramente ahora.

El caballo de Atila

El referido caballo de Atila
sueña los mismos sueños de Atila
piensa los pensamientos de Atila
duerme a la misma hora que duerme Atila
se aburre de sí mismo
como yo
como Atila.

Durante largos meses de abstinencia
va envejeciendo a medida
que envejece Atila.

Una flecha en su cuello indica
que puede desangrarse
pero no morir
lo mismo que Atila.

Circo acuático

Todas las formas provienen
de la noche insondable
todas las formas puras provienen
de la sed
del dolor
de la codicia incesante
de la curiosidad insaciable
de la vanidad incorregible.

Vanidad y codicia obran
como el agua y la arena
obran para nuestro gozo y daño
producen gusanos en la leche fresca
evaporan el sentimiento dulce
destruyen la belleza sin uso del amor.

Todas las formas provienen del circo
de la noche insistente
circo acuático versátil milenario
secreto como el olor del pan reciente
secreto y dulce como la suave piel
de las muchachas.

Las muchachas miran con ojos alocados
a los locos desconfiados que las quieren
las usan las abusan y luego las desechan.

Todas las formas provienen del dolor
que la noche produce.

Todas las formas provienen
de lo húmedo
del semen marginal
de las piedras auténticas.

Autorretrato

Soy como lobo perdido
en su propia madriguera.

Soy como un erizo ciego
sensitivo y cambiante.
Sueño sueños blancos de amapola.

Soy piedra muy negra
partida en mil pedazos.

Ando de lado como los trenes vacíos.

¿En qué creer que no sea
la propia vanidad
el propio vendaval
el propio anhelo?

¿A quién confiar mi vida
en estos días frágiles?

Yo soy como lobo mordido
por lobos de jade o de gasa
apedreado por hombres de gasa
hombres con ojos de gasa
y voz de gasa
que dictan palabras mudas
a los árboles de gasa
envidiado y temido
por mis propios amigos

soy el eco de mi propio aullido
me desangro si pienso
me desboco si canto.

Me pierdo si me busco
me encuentro si me arrojo al vacío
como los murciélagos
en noches de ansiedad
y de tormenta.

Autorretrato con paraguas

Yo soy como el negro paraguas
que traigo de mi mano
y soy como la lluvia
que rebota en el suelo partido.

Soy la tierra que llaman sagrada
por ser tierra
tierra herida por sensaciones
oscuras que produce la lluvia.

Yo soy como el paraguas
que hago girar mientras camino.

La noche no define lo que veo y siento
cuando la lluvia inunda
mis zapatos nuevos.

Autorretrato con murciélago

Yo soy como los ojitos de lluvia
de los gatos: cambio de ambiente
cada vez que me siento perdido.
Soy como el murciélago rojo
atrapado en un sueño.
Todos los sueños son rojos
como los besos que saben
a trocito de pan viejo.
Yo soy como las alas transparentes
del murciélago ambarino
hermético barroco
como piedra de volcán.

Autorretrato con erizo

Yo soy entre la luz y sombra
de este día solitario y fúnebre
una vaga silueta submarina
un erizo con alas cadenciosas y negras
un reloj que ha dejado de mover sus hélices.

Yo soy como el erizo cazador
precipitado y a la vez filósofo
trágico en el peor sentido de lo trágico
arisco y desconfiado como los cangrejos
contradictorio y sexualísimo.

II

La camisa blanca de mi padre

La camisa blanca de mi padre
dibuja búhos blancos
sobre blancas piedras.

Cada piedra es cada pájaro
saliendo de la piedra
y retornando.

Cada piedra es sensación de vuelo
entre tempestad y engranaje.

Los blancos búhos despedazan
una camisa blanca
sobre lisas piedras sin sonido.

El sol está oculto entre las ramas.
Más tarde morirán de angustia
la llovizna y su alquimia
los relojes exangües
las mariposas platónicas
sobre la vieja camisa blanca
de mi padre.

La cama

La cama donde duermo
se hunde con el peso de mi cuerpo
o yo me hundo en las redes acústicas
donde una pluma y el mar contrastan
con los huesos de los perros
y viceversa.

Esas redes oscilantes provienen
de los ojos de los peces
mezclados a las continuas
ondas del agua.

Mi cama está hecha con las rojizas
escamas de oro
de las que se desprende un sonido
dulcísimo de lluvia y hojarasca.

Las lunas occisas iluminan mi cuarto
compuesto por una simple cama
un antiguo retrato de mi madre
un anaquel con libros que nunca leeré
un espejo donde está fija la imagen
que de mí guardan los objetos amados
una taza de café amargo
y el delicado y perdurable
               olor del jazmín.

La muñeca

Tierna como ladrillo húmedo
y pálida en invierno como
péndulo para hipnotizar escarabajos
tiene ojos grises ancestrales
lascivo señuelo de marsopa etérea.

Aeroplanos y langostas
habitan los cuartos oscuros
con hilo rojo y lúbrico fantasma
para fotografiar los ángulos del hipo.

Se descascara el fémur
la muñeca sorda
despistada o azul como una mueca
cutis de calabaza y alma de
inconstante muchedumbre arcaica.

Nos aferramos al fuego para dar vida
a los armarios
donde está guardado bajo llave
el último aliento de mi padre.

Yo velo junto a su cama
mientras la muñeca rastrea
los huecos de las tablas
para adherirse incalculablemente
al negro vuelo de la mariposa.

Hilo

Un hilo me sostiene en vilo
ante esta inoportuna certidumbre
mimética
medrosa
magra
como la suerte de los muros de Pompeya
juntando huesos de lagartija
en una cajita blanca
hilo a hilo como nubes
por el cielorraso
deshilada memoria de hechicero
atado al día insospechado
que va sembrando estatuas
en la mente.

Uno los extremos del hilo
para formar un círculo dorado
que sirva de aureola
al hijo ciego.

Fotografía

He aquí esta fotografía de mi padre
amarillenta o desgastada
como las cuerdas vocales
de las grullas.

He aquí la más espléndida ebriedad
análoga a mis miedos antiguos
prístina
cambiante
como cresta de gallo
reflejada en los ojos vidriosos
de las lujuriosas enfermeras.

He aquí esta vieja fotografía
con mi padre
donde las ardillas enamoradas
de la nieve
sacrifican su vanidad
por un de rayo de sol.

Como si el sol ya no saliera los domingos

Mi novia
sensual y fugitiva
altiva ante la lluvia
piensa que los dioses
están hechos
de la misma sustancia
que las momias
y los trenes.

Los trenes fotografiados
por espectros vírgenes
de argento
cambian de rumbo
cuando los maniquíes
se cubren con murciélagos.

Las momias hijas de la sal
cautelosamente frívolas
hambrientas
están fijas
en lúgubres retratos
roídos por las ratas.

Mi novia sensual y fugitiva
habla como las estatuas
del amor indiscreto y falaz
habla sin escuchar
su propia voz
a todo pulmón

riendo como si no existiera nada
como si el sol ya no saliera
los domingos.

Trocito de papel

Lo he visto aparecer
desaparecer reaparecer
con su aparente malestar
de fósforo y de nieve
etéreo y musical
como escorpión enfurecido
cuyas pinzas son líneas blancas
en forma de botella rota.

El aire lo levanta y lo expulsa
del mundo como a una hoja seca.
Es un trocito de papel
sin tinta
feo y arrugado
como un orangután.

Lo he tomado en mi mano
desenvolviendo verticilos
manchas de sangre o vino
cicatrices borradas
con la lengua
afilando los romos
pensamientos decisivos
de tal modo
que la contradicción parezca
a simple vista
inofensiva.

Torso

La noche todavía no empieza
como noche: es trágica
como el feto de una máscara de papel
esperpento divino de los lunes inacabables.

El fuego nos deslumbra
con su danza gastronómica
perpleja incubación sublime
ante la leve alevosía
de un freudiano diluvio.

La noche no empieza como noche
pero insiste en reordenar las partes
inconclusas de un asombro continuo
vertical como gota de agua irreflexiva
puro
maquinal
como la suma de
uno y veinte
o fino
llano
sensualísimo
como la caída de un espejo
desde el cielo.

El sabor a pimienta de una niña
de veinticuatro años
fumando en la ventana
sigue siendo para los otros

un enigma
para mí es una torre tan alta
como el día o la noche.

El día y la noche jamás
completan su marcha
en línea recta.

Juegan el juego
de creer y dudar
el juego de atrapar una luz
con el vivo torso de Afrodita.

Vino

Por la pausada geometría revuelta
filos de piedra
garabato
perfume de mujer extrovertida
uva fracción de soledad
ausencia imaginaria
gotas de vino y pasas calentitas
algodones
trocitos de manzana
el muro allí alto como un trébol
el ruido de las hojas caídas
una cama ante un rayo de sol
blancas piedras enterradas
en un jarrón antiguo
lingotes perfectísimos de cuarzo
geométrico dilema de serafín sonámbulo
caminante nocturno entre follajes fortuitos
el olor de la sal vagando por la esfera
huevos azucarados de serpiente
la luz choca con la piel del agua
se erizan sus oscuros contornos paranoicos
vuelvo a sorber el vino mientras dejo
mi cabeza sobre una piedra gris
mitad insomnio mitad fuego.
Miro alrededor carpas y carpas nucleares.
El sol está pálido más pálido y altivo
que una golondrina solemnísima.
El bello sol de octubre ha dado a luz
un soplo frío de tijeras y mármoles.

Se vuelca el vino en nuestro tálamo volcánico
como se vuelca sobre sí mismo el sol
cuando escuchamos
     el obstinado
          suntuoso
              sonido
                   del grillo.

Comedia

He aquí la triste comedia
de un hombre maldito.

Vivo como empujado por la angustia
o la suerte
de un dios con corazón de trapo.

Padezco la risa del leproso
el mal de ojo de los perros sin dueño
flaco feo y aplanado como una cucaracha.

Vivo de mi propia carroña
lejos de la gente miserable
frívola sin nervios y sin sangre.

Me divierto siendo desastrosamente cruel
cruel como las momias escolares
los profesores de aritmética
los duendes con cara de político
los insomnes literatos sin sueldo
que vagan y vagan sin saber
qué los sostiene si la noche temprana
o el aullido de los lobos famélicos
qué los cuida de tanta atrocidad
qué diosa estupefacta los alivia con elixires
qué vanidad los libra del estupor continuo
ante una nada maravillosa y fatal
fatal como anudarse la corbata
con un irreflexivo cuchillo de obsidiana.

Tragaluz

Por el hueco del techo penetra
en la sala una mancha de sol.
El sol es salobre y robusto
como anguila sofocada en la tela
del mantel.
Las paredes no sueñan con
alhelíes blancos
ni lagartos enfermos
sueñan con el sol matutino
que suele pintarse en el pecho
unas alas enormes de urraca
y abrirse las venas
en mitad de la plaza
lo mismo que un modesto
patriarca sin ojos
anónimo
marchito
caninamente sudoroso
mercenario de su propia palidez
mefistofélica.

Pecera

Al fondo de una pecera de cristal
esfinges de cuarzo y de plata
buzos en miniatura de plata
despistados como la más efímera
vértebra encendida
peces de muchos colores asombrosos
un cielo de almíbar muy alto
más alto que las más altas
nubes de sombra y de plata
un cielo por encima del cielo
cuyo nivel de azufre sobrepasa
los límites de la concordia
entre coleópteros y aves de suelo
un suelo demasiado bermejo
donde abundan los hipocampos de plata
los pólipos de suavidad sonora
con dientecitos sin brillo de plata
corales y langostas con gruesos
anteojos de plata
instinto de salamandra marina
al fondo más abajo
de la profundidad inconcebible
se escinde la claridad sin párpados
reaparece el espléndido cangrejo tropical
con sus cuatrocientas patitas de plata
escarbando en las tinieblas
por un poco de blanco fulgor
bajo la telilla curtida de los peces de plata.

Las palomas

Se clasifican de acuerdo al blindaje
de sus plumas y al grosor y curvatura
de sus garras de hierro.
Las hay de distintos colores
y suelen morir ahogadas en tinta china
como los incultos aeronautas de marfil
que los hay perentoriamente de acuerdo
a su linaje celebérrimo.
Son hijas de Venus y de Ares
hijas apócrifas que se alimentan
como los poetas zurdos
de su propio verdín y desencanto.

Huevos de urraca

Las cáscaras medrosas de mosquitos
las cáscaras medrosas de cartón de huevos
las cáscaras hirsutas de algodón podrido
las pieles de las cáscaras en cajetillas abiertas
de cigarrillo sin filtro
alumbran la ciudad.

Alumbran la ciudad
los fósforos usados.

Las urracas sin alas
asustan a los niños.

Las urracas sin plumas son osadas
y también asustan a los niños
con cabeza de huevo.

El huevo de la urraca
protege el sol de las arañas
produce más mercurio que la lluvia
produce arsénico y salmuera.

El arsénico alimenta el corazón
de plata de las niñas ansiosas
con piernas gordas y calientes
como un huevo quemado.

La salmuera produce huevos
debajo de los árboles

huevos llenos de hojas secas
y amargas
de eucalipto.

Huevo de serpiente

La sangre de los niños atrae
a los fantasmas
a los fantasmas insidiosos
que llenan la ciudad.

La sangre de los niños
descolora los muros
la sangre de los niños
es de color de huevo.

El huevo gris y ronco
de la serpiente roja
habita en los rincones
de los templos
en las casas donde conviven con los gatos
niños verdes con alas de pan seco.

El huevo de serpiente
no se rompe con piedra
no se rompe con gritos
no se rompe con nada.

Está lleno de sangre
de niñito peludo y salvaje.
Está lleno de sangre
de muchachita loca
con senos de guitarra
que nadie tocará.

III

Festín a de ratas

¿De qué lugar sin nombre
llegaron estas ratas diversas
de colores burlescos y pupilas vivísimas
corrompidas por el oxido imposible
de los barcos plagados de aceituna?

¿De qué lugar perdido
hondísimo y salvaje
vino toda la tierra
acartonada y ávida
que pisamos dormidos
con sandalias baratas
de cuero de culebra?

Nada ya nos inquieta
puesto que almorzamos
cabecitas de párrocos ladinos
piojitos colorados
y amargos como la leche
leche mezclada con plumas
de buitre deshuesado
y dientecitos negros rojos amarillos
de serrucho.

Ya nada nos preocupa
puesto que almorzamos
ratas de color de fuego y trementina
con ojitos de fuego y rancio codo
lenguas descoloridas mal soldadas

harapo cejijunto de fiereza anodina
lluvia disfrazada de mosquito infernal
perro ladrando a quien camina
de noche
sin mirar donde pisa.

Mosquito

La salsa de tomate arruina
a los mosquitos.

Beber en los festines
de Baco clavicordios y paraguas
sexo de pantorrilla líquida
grotesco calendario
con efervescente fermento díscolo
erre con gárgola reseca
o arabesco soledoso
marrón abecedario
de algún ladrido perpendicular
corchete mefistofélico
a doscientos días eólicos
seis semanas como seis coágulos
sin decir lo predicho
ante una lluvia feroz
de seis peniques.

Beber la pus de la navaja por el cojo
leopardo de las buenas noticias.

El ojo amenaza a los suicidas
con puñales de gasa.

Tullida precocidad barbada
los incestuosos violonchelos marginales
aprenden a chupar la sedosa
sangre del níspero.

Mosquito debilísimo
                    rebelde
con rojo collar de perro
y azabache.

Hierro

Óxido álgido con flema cómplice
heráldico cuaderno de yo contra
mis ansias
metiendo en el bolsillo de la chaqueta
al otro yo del yo que está vacío
como dos irreflexivas sílabas rompientes
cinismo de gorrión mellado con dos emes
encima de la mesa
arcaísmo de poder volver a ver
lo nunca visto
hierro afilado en proporción brutal
sarna somnífera o acústica
literalmente anónima
                    insaciable.

Liso seso de estatua mecanógrafa

Los dementes dados
echados a perder
dados a la sed escandalosa
de los cínifes bárbaros
herrumbre descosida
a ras del suelo
saciedad soledosa al estilo neoyorquino
irrigación solar de medio uso
pánfilo filo neurasténico
                    salobre
entre fingirme muerto
o desgarrarme enteco
ante la sopa fría de fideos
sabe a risa la risa de los locos
parpadeante nostalgia ferroviaria
en días de sol y lluvia
sin poder decir adiós a nadie
                        nunca
porque la risa a causa propia
está sudando sombra
                fuego
y a causa propia está
horadando un eco
                naipe
raspa de camaleón
liso seso de estatua mecanógrafa.

Esparadrapo

Mejor mudar la sombra
al mediodía que el mediodía
al medio asombro
por la sombra
cuyos hombros siembran
hebras hembras
en escombros mentales
psicodélicos días mitad carbón y brisa
escorbuto y leche cortada
esparadrapo
sobre el café volcado en tálamo sacro
como dibujar al desgaire
una paloma sifilítica
escarbando en la carne
hasta tocar hondamente con la uña
la velocísima costura del grito.

Bandera de trescientos colores

Al dibujar pardos soplos amarillos
con palidez de barco prominente
busco por la nieve el meollo de la luz
siempre indecisa
bandera de trescientos colores
lívidamente subterránea
como si golpeara contra el aire
cambiando un tintineo súbito
por una camisa blindada con fuego
teniendo el cielo por costura
la noche por raíz
el sol por candelabro
la oscuridad por veinte pájaros
la nada y mi sombrero por contraste
cambiando un poco de calor
por una vara avara muy antigua.

Papagayo

Sigo repitiendo la palabra abolida
la intercambiable oscuridad de
un mito novedoso
retorcido como rosa magra.
Sigo repitiendo pétalos deformes
de una rosa inadecuada
dueña de los carbunclos ácidos
con los que los niños adhieren
fascinados sus incertidumbres
y osadías.
Vivo obsesionado con tinieblas
de acero y musical degüello de
símbolos audaces.
Repito mi sombra tantas veces
como puedo y grito una vez
por segundo ante las casas lujosas
de los barrios mezquinos.
Soy torpe repitiendo palabras
que me invento para rozar
mis huesos flojos a las verjas de hierro
palabras como ascensor y menta
palabras turbias como asombro
y bocacalle.

Caminando por Washington Heights

Voy a pie por entre pegajosidades
y edificios de piedra
con tal desvelo diurno
de naufrago dichoso
sin mirar hacia arriba
para no sentir vértigo ante la gente
demasiado alta.

Soy demasiado pequeño para
andar por estas calles asquerosas
entre gente muy formal
que ni siquiera sueña.

En las esquinas veo gestos
como verdor versátil
donde alguien una mujer
un hombre
se incinera la garganta
con el canto del grillo.

Lucifer

He decidido vender mi alma a Lucifer.
Vendérsela obsequiársela da igual.
Lo que quiero es sacarme del pecho
unas pocas palabras ya maduras.

Soy demasiado triste
para ser un hombre
o demasiado hombre
para entristecerme ahora.

Ahora el sol pregunta
por una luz real
que viene de mi pecho
redoblada o ausente.

Voy a vender mi alma a Lucifer
o a quien sea que pague su precio.
La vendo la intercambio
por un rayo de sol
por una piedra monda
sin ranuras
por un camino estrecho
sin declive.

Vendo mi soledad y su armadura
por un candado abierto
y un fósforo mojado.

Linaje

Desconozco el linaje de las piedras partidas
desconozco el linaje de la furia marchita
desconozco la brisa y su afán predilecto
desconozco la risa de los calenturientos
con sobaco de arcángel
desconozco el linaje de las niñas
con sexo de fármaco
desconozco el linaje del pescado suntuoso
desconozco el linaje de la angustia obstinada
desconozco el linaje de los huevos craqueados
desconozco el linaje de mis uñas sin dedos
desconozco el linaje de la sed y la nada.

Reiteración

Podría ser oscuro como un puente
y alargar mi único ardor
por el artrítico espantapájaros
de los manicomios
allí habita la lepra consorte del suplicio
y allí el deber inocultable
de una señal de aguante.

Dicen de mí que estoy maldito.
Dicen de mí que me despierto llorando
con la piel amarilla y los ojos muy rojos
porque me causan pánico
las pestañas de goma.

Podría ser oscuro como un tren
descarriado y gritar sin oírme
desde mi propia nimiedad implacable.

Podría ser cruel como un flamingo
y escupir el fémur de la palabra "noche"
podría ser innecesariamente reiterativo
y terminar este poema con un
      breve
      persistente
      y amargo presagio.

Sobriedad y pesadumbre

La sobriedad la pesadumbre
contienen bastante superstición
en los biseles pelásgicos
con distracción orgánica
sublime
como cuando se rompe una astilla
del reloj
o se disipa el hueco sordo
del conjuro de la puerta.

Sobria edad que da dos golpes
en la ventanilla del tren
para anunciar rotunda desesperanza
o mansedumbre cóncava

así el reloj de pared contiene
la respiración con agudeza
al momento de desplazar
minuto tras minuto
la calvicie del agua fenoménica
batiendo el polvo con la sed errabunda
de los pájaros.

Huevo

En la resaca virgen
del reloj de pared
pone sus huevos
el lagarto de plata.

De todos los manicomios
hay uno en forma de huevo
que urde un sopor de ventana
para el aplacamiento
de la idea fija.

Vivimos encerrados
en un huevo de avestruz.
Es un huevo que suele crecer
con la inocencia díscola
del pájaro carpintero.

A medida que el huevo se expande
nos va cegando el polvillo
de la avaricia continua.

Decimos "agua"
y el agua vuelve a su nivel
orgullo de toda evidencia salvaje
decimos "pesadilla" o "desazón"
y la evidencia de lo irreal
se vuelve cada vez
más incesante.

Difidencia

Produce difidencia el ojo de la papa
produce difidencia el ojo del caballo
produce difidencia el oro mal pintado
de todas las estatuas que miran de reojo.
Produce difidencia la voz de mi cadáver
la voz tangible y loca de una muchacha ciega
que habla a las palomas en un lenguaje extraño.
Produce difidencia el hueso negro
de las niñas con sexo depilado
Produce difidencia guardar bajo la almohada
huesitos de palomas con horquillas rodantes
huesitos que se pierden los domingos
en los parques prestados.
Produce difidencia el robo de una dama
dormida en este cuarto donde yo
escribo totalmente vacío
palabras que no entiendo.

Los dedos del pianista

Largos y negros como el sol del domingo
los dedos del pianista dividen los sonidos
en piedritas azules que se llenan de bruma
una bruma azulosa que parece de barco.
Los barcos dividen la bruma en espejitos
rotos de colores craqueados en el centro
como la voz de nuestra novia cuando canta
desnuda en la bañera.
El sonido del piano coloca piedras negras
en los tímpanos de las mujeres con cabello
de azúcar.
Los dedos del pianista reparten una música
demasiado tranquila que da sueño y asusta
asusta y adormece a los muertos recientes
que no saben de música
ni de Mozart ni de Beethoven
ni de la suavidad primigenia
que une para siempre
al sol con la pirámide.

El sol y la pirámide

El sol lanza sus rayos
al vórtice salado
de las olas esquivas.

Las olas las dirigen
al centro de la niebla
la niebla vuelve a unir
al sol con la pirámide.

La pirámide parte los huesos
de la lluvia en trocitos muy finos
de vidrio soledoso.

La lluvia se despoja
de sus vicios parejos
y choca con los moldes
que rigen nuestras vidas.

Las formas son las mismas
para el fuego crecido.

Fin y comienzo poco
importan a una gota
de agua
crucial como las armas
que sirven al poema.

Poesía

Poesía es alumbrar el cielo
con una velita pobre y ciega
con la mano temblando
por la luz que rebota
de las tablas torcidas.

Poesía es ver de frente
lo crucial en los hombres
su salud y la flecha que dispara
de pronto su enemigo.

Poesía es aprender
a curar el insomnio
con un martillo crudo
satírico pedestre
en ambos bordes bien medidos
desiguales e inferiores
al desagüe del sentido.

Cómo se escribe un poema

Un poema se escribe
entre dormido y despierto
en un estado de ensoñación
momentánea
en el que la consciencia opera
como mecanismo de goce perpetuo.

Un poema se escribe con medias
palabras con moderación y exuberancia
sin adjetivos desdeñosos
sin abusar de la paciencia propia
sin subrayar intencionalmente cada palabra
pues no todo es subrayable en un poema
a menos que el poema sea excepcional en todo.

Un poema se escribe
en un instante largo
con sincronismo y buen humor.

Un poema se escribe con rabia
con una rabia cósmica certera
sin dañar el discurso con palomitas de maíz
y otros enredos caseros muy diversos.

El sublime poeta pulcro

El mejor síntoma del sublime poeta pulcro
sale a flote desde el primer soplido
de algarabía
se desplaza con justa pausa hacia
un yo rebelde muy próximo
y a la vez lejano.

El sublime poeta pulcro duerme mal
y rara vez asiste a pasarelas
literarias de mal gusto.

No necesita estar en todas partes
para hacerse visible.

Es mejor ser invisible que estarse
en el camino de todos
permitiendo que se tropiecen con uno
a cada momento.

El hartazgo de la consciencia
es fenoménico
como la ciencia oculta
y el jamón podrido.

IV

Derredor

Alrededor de lo que busco
o sueño está lo periférico.
Busco en lo instantáneo
algo menos arbitrario
que mis pasos
busco lo elemental
busco la noche
me finjo cierto y caigo en el vacío.

Me invento una soledad
más grande que la mía
sigo sin nombrar la noche
en este cuarto sin paredes
donde mi sombra furibunda
me arranca los botones
de la chaqueta.

Mi propio infierno es
invención del viento.

Puedo

Puedo distinguir el fuego
por las orillas blanquecinas
de la madera intacta
distinguir una llovizna circular
por el ruido de los coches
diferenciar la evidente sinrazón
de la legaña cíclica
hipnotizar a un hipocampo ciego
con el perdido aroma
de las apuestas insípidas
multiplicar las marcas del lunático
en el queso rudimentario
y subirme a mis hombros
nueve veces por segundo
para probar que los semáforos
inyectan levedad al cocodrilo.

Detalle

Se filtra la bruma por la llaga
y viceversa.

Los pájaros de papel y tinta derramada
beben leche de las ubres mortuorias.

El lecho de la princesa está marchito
le ha caído demasiado semen
semen esquizoide de polilla de barco.

Las polillas no entienden
de aritmética sexual.

No entienden la lógica kantiana.
Se masturban las hijas somnolientas
de los buscadores de oro
sobre la hojarasca mojada.

Un remolino de cabellos grises
en un burdel de alambre trasnochado
podría ocasionar algún
otro suceso formidable.

Sin embargo
las yemas de los dedos provocan
orgasmos sucesivos a los túneles púberes.

He aquí una frase sustituta
de cualquier rascacielos:

las niñas alocadas
y sus madres ingenuas
son incendios intercambiables.

Definición de una tortuga

Antes de su aparición en el submundo
de los seres fantásticos
la tortuga no fue sino una piedra roja
con alas blancas o negras.

Tuve la suerte de encontrarla
escondida en un canal de musgo
sorpresiva y solitaria
como huevo de araña.

Me dije: así encontramos
a veces el poema
sintiendo la tierra abrirse.

El poema no abre
para cerrar
sino lo contrario
cierra para abrir.

En un acantilado
donde abunda el topacio
hay cien mil tortugas
revestidas de oro y sol.

El oro las hace invisibles
a los hombres
muy frágiles

el sol las convierte

en canto tridimensional
canto que jamás es escuchado
por seres mortales.

Este poema

Este no es un poema impresionante.
Este no es un poema novedoso
al cien por ciento
perfumado con boñiga de gato salvaje.

Este no es un poema con barba crecida
y pantalón de kaki.

No es un poema para servir
de modelo a nadie
ni siquiera a mí
mucho menos a mí
que odio los poemas fáciles
mal medidos y mal pulimentados
con un amargo sentido
de urbanidad celeste.

Odio los poemas que quieren decirlo todo
a todo momento
y lo cumplen por encima de cualquier
asomo de disimulo.

Odio los poemas que dicen la verdad
alguna verdad o toda la verdad.

Un poema un verdadero poema
debe tener un olor acústico
salvaje y tedioso

un sabor rancio y fuerte
como la pis de un loro
y nada más.

Circo acuático

He vivido en los sitios más raros
y peligrosos
con novias feas y desequilibradas.

He vivido entre animales domésticos
y bestias asombrosas.

He sido pateado en la boca
y escupido toda la sangre
en un instante.

He vivido bastante mal
sin duda.

Fui amado como se ama a un cerdo
en tiempo amargo.

Padecí tormentos
y rencores.

Mi momento culminante lo pasé
en un acuario con una chica
desacostumbrada a la paciencia racional
al sexo anal con aspirina
a la más inteligente desestimación
del vino espeso
con trocitos de uva
y pezones de fresa.

Fui acróbata y vendedor de papas.

Alimenté con mi sangre a los leones
alimenté a las moscas con la carne
putrefacta de mi novia vampira.

Di poca importancia a las lealtades
hipocondríacas.

Anduve por calles mal pavimentadas
y sin luces creyéndome mago y príncipe
creyéndome verdugo y déspota.

Opté por la impaciencia y perdí un ojo.
Opté por las mujeres y la noche.
Opté por beber vino con amigos crueles.
Opté por irme lejos y vivir sin motivos.
Opté por la ignorancia
amigo sensitivo y razonable.

Legaña

Legaña de niño cobarde
bruto como las liebres solitarias
hijo hermoso de las sandalias rotas.

Niño violinista con legaña
y poros artificiales
sometido al sopor espumoso
de la lagartija ecléctica.

Legaña de esposo cornudo
caramelo con sabor a tinaco hermafrodita
herejía cómplice de los solemnes
veranos neoyorquinos.

Legaña putrefacta
de boxeador homosexual
que se divierte abrazando
los pólipos ternísimos.

Legaña para la suma de los miércoles
huesito cascabel y trascendente fuga
legaña de perro con salario excesivo
legaña coqueta con nariz de acuario virgen
a la que suelen visitar eunucos
y fantasmas febriles.

Hoy empezará a caer nieve
mucha nieve
de todas las legañas sentimentales.

Por un retrato borroso de mi padre

Me da cierto asco el olor del café.
Me aburre el olor a pomada
de tu sexo virgen.
Me da dolor de muelas
el sonido del piano
Me instiga Paganini a dar muerte
a los ancianos del edificio.
Me robaría un volcán a medianoche
por tus pezones amoratados y vacíos.
Me arrancaría un ojo por morder
las orejas de los niños miopes.
Me arrojaría de lo más alto
del edificio donde vivo
por un retrato borroso de mi padre.

Ojo

Ojo significa retorcer los brazos
al ángel de mi guarda
con tal de que se suicide
un domingo en la mañana
pluma por pluma
en un balneario de agua burbujeante.

Ojo significa tener pies de albóndiga
y alma de cocodrilo resacado.

Ojo significa perseguir mariposas
con un cuchillo curvo
y hacerlas retroceder en el tiempo
como a los saltimbanquis
desorejados
sin voz ni pulso
como los mensajeros trasnochados.

Ojo de serpiente

Mi novia tiene ojitos de serpiente
ojitos pícaros como de alambre enfermo.

De noche nos sentimos magníficos
vestidos con traje saludable y caspa
sobre los hombros.

Recorremos ocho veces una misma calle
persiguiendo una luz de cloroformo
demasiado lunática como los conejos
cuando se acaba el gas.

Mi novia tiene ojitos pícaros
ojitos dulces y azules
como las gotas de agua
que inundan nuestra habitación.

Aparar el agua en contenedores
de arcilla se ha vuelto
un oficio lucrativo.
Tal vez tedioso
demasiado tedioso
y lucrativo.

Ojo de bruja

Todas las muchachas
al cumplir los quince
se sacan un ojo con un alfiler
y se los comen crudo.
En el lugar vacío les va naciendo
otro ojo muy negro
con una nubecilla
color mostaza.
Aprenden trucos de magia
y se dedican a la hechicería.
Luego desaparecen
y nadie nunca las ve
excepto los erizos
envueltos en papel de funda.

Ojo de muerto bucólico

Afirmación lógica de los fumadores de opio
que apuestan por el refinamiento de la frase
"auténtica"
en detrimento del retorcimiento verbal
concluyen que el poema es una mezcla
de dislocación del nervio óptico
y la vanidad de creerse escritor
por el solo hecho de poseer
en cada dedo
un anillo flamígero.
Esta tarde tuve la suerte de comprobar
que el ojo de un muerto
es mucho más poético
que los dientecitos líricos
de aquellos amigos glotones
a los que hay que apartar
con un palo encendido.
"Ojo de muerto" es una frase desapasionada
　　　　salida de sitio
　　　　fofa
　　　　sin atributos
como las tetas de las mujeres
demasiado complacientes
que escriben en los muros
frases almidonadas
y miradas ortopédicas o hipnóticas
miradas llenas de certidumbre sexual
acalambradas o hiposas
como el sabor del cigarrillo rubio.

Mi perro asmático

Tengo un perrito lanudo
pegajoso y gracioso
que cuando ladra
esconde el ojo derecho.
Lo esconde no sé dónde
debajo de una alfombra
demasiado usada.
El ojo vuelve aparecer
en forma de conejo
o de grúa supersticiosa
en otro planeta.
Es un perrito asmático
más lana que carne.
Me dicta frases sentimentales
y simples.
Por ejemplo:
el café está mellado y triste
como una alcancía violada.

La niña virgen

El ojo se abre y nos atrapa
en su red centelleante
partimos en dos una uva
compartimos media botella de vino
un vino negro muy espeso.
Está a punto de caer la tarde
desde muy alto.
Se romperá en mil pedazos.
Los gorriones practican
el vuelo de las hojas
por el ojo mamífero divino
de la niña virgen
con una pepita plástica
muy roja
que late fuerte
emitiendo sonidos obscenos
sonidos de color café
olorosos a tinta mala
a papel de imprenta
a cuarto mal empapelado y oscuro.

Ojo de escama verde

Iba yo por el mar nadando
contra las olas ciegas
cuando un ojo negro
tropezó con mis ojos
era un ojo enorme
con verdes escamas
muy vistosas.
El ojo hablaba en ojo
y las escamas en escamas
yo permanecí mudo
y boquiabierto
como un piano de cola.

Diez cocodrilos ultrajados

Cerca del río Ozama viven
unos hombrecitos de piedra
muy simpáticos
que de noche se transforman
unos en tortugas
otros en cocodrilos o iguanas.
Yo caminé cerca del río
durante la noche de junio
calurosa y azul
tocando mi flautilla de cedro
antigua.
Allí aguardaban bajo un guayabo
diez cocodrilos ultrajados
por el discreto trato de los aldeanos.
Uno me lanzó un ojo como de goma
otro me arrojó flechas como de acero
otro mordió mi hombro
y se llevó mi cráneo bajo una piedra.
Yo seguí quieto
muy complacido
tocando mi flautilla
madura y tácita.

Sándwiches de flauta

Los sándwiches de flauta
y las correas de piel de caballo
desproporcionan la línea
de los dientes.

Los sándwiches de peluquín de barítono
saben a muslo de mujer ardiente
mujer sutil o trágica
descarnada como un espejo.

A ella la apasiona
el olor de la madera
en días de lluvia
los sándwiches de flauta
en la ciudad sofocante y pueril
intencionalmente pueril
como un zapato.

Los sándwiches de flauta
saben a porcelana rota
a sobaco palúdico
con rueditas
en cada verruga.

Los sándwiches de flauta sin plomo
los sándwiches de flauta con plomo
los sándwiches de flauta sin plumas
los sándwiches de flauta con plumas de plomo
los sándwiches de flauta sin ratones de queso

los sándwiches de flauta con plúmbico
cristal nervioso
los sándwiches de flauta con menos yodo
para las muelas expuestas al conjuro
de las escaleras de mano
los sándwiches de flauta
con precaución invariable
los sándwiches de flauta con queso de perro
y paranoia correctamente dirigida.

Los pececitos muertos

El sol cae sobre mi cama
como un pececillo desangrado
sin ojos.

Miro por la ventana
el río deshuesado
color arena
como los peces muertos.

Pesan lo mismo mi sombra
y un trocito de madera
sobre el agua.

La piedra

Al principio del mundo
no había nada.

Yo era una piedrita negra y fofa
al lado del camino.

Entonces vino el mago
y convirtió las piedras
en caballos.

Solamente yo seguí siendo
piedrita negra y fofa
al lado del camino.

Índice

I

II

III

IV

Colofón

Esta segunda edición de
El caballo de Atila, de
José Alejandro Peña,
se terminó de imprimir
en los Estados Unidos de América,
en marzo de 2021.

ALMAVA EDITORES
www.almava.net
almavaeditores@gmail.com